Prima mea enciclopedie

LEGUME

Aquila

ISBN: 978-973-714-771-4

Autor: Ioana Zghibolț
Corector de specialitate: Isabela Hărăguș
Corector literar: Alecsandra Miron
Ilustrații și copertă: 2head.ro
Tehnoredactare: Image Impact

Director editorial: Diana Tăutan
Redactor-şef: Claudia Guiu

Editor:
Editura Aquila Logistic
Oradea, Str. Americii nr. 41
www.aquilashop.ro

facebook.com/edituraaquilalogistic

YouTube http://bit.ly/2BX3m2o

Printed in Hungary, Gyomai Kner Nyomda Zrt.

Descrierea CIP a Bibliotecii Naționale a României:
Hărăguș, Isabela
Prima mea enciclopedie. Legume / Hărăguș, Isabela - Oradea: Aquila, 2018
ISBN 978-973-714-771-4

821.135.1

Prima mea enciclopedie

LEGUME

Aquila

CUPRINS

CUPRINS

Mazărea

Mazărea este cultivată pe scară largă și se prezintă sub forma unor boabe sferice verzi, de mici dimensiuni, care se dezvoltă în teci, numite păstăi. Mazărea este foarte apreciată pentru conținutul ridicat în glucide și proteine. De asemenea, conține fier, fosfor, zinc, potasiu și magneziu, vitaminele C, A, K și vitamine din complexul B. Originară din Asia Mică și Asia Centrală, mazărea a fost cultivată încă din antichitate de greci și romani. Această plantă reprezintă una dintre cele mai vechi culturi, alături de grâu și orz.

Preferă clima temperată și suficient de umedă. Nu suportă căldura prea mare și temperaturile prea scăzute, nu crește și nu fructifică bine pe vreme secetoasă. Se cultivă pe solurile cele mai variate, dar le preferă pe cele ușoare, sănătoase și revene. Se recoltează în lunile iunie-iulie.

Mazărea este o plantă anuală, ierboasă. Rădăcina principală are formă de țăruș și este puternic dezvoltată. Pe ramificațiile tinere ale rădăcinii se dezvoltă un mare număr de nodozități ce conțin bacterii fixatoare de azot atmosferic, bacterii aflate în simbioză cu planta. Tulpina poate fi dreaptă, agățătoare sau târâtoare.

Frunzele – sunt compuse, cu o alcătuire specifică. O frunză este formată din 2-3 perechi de foliole ovale și un cârcel ramificat, rezultat prin transformarea ultimelor foliole.

Florile – de culoare albă sau violet-roșcată, sunt dispuse la subsuoara frunzelor, câte una la soiurile timpurii și câte 2-5 la cele tardive. Au 5 petale diferite ca formă și zece stamine, dintre care nouă sunt unite.

Polenizarea – este directă, grăunciorul de polen ajungând pe stigmatul aceleiași flori, însă nu este exclusă și polenizarea încrucișată, când polenul trece dintr-o floare într-alta, prin mijlocirea vântului, a insectelor, a apei și sub acțiunea omului.

Fructul – poartă numele de păstaie și este format din două teci pe care sunt prinse semințele verzi, sferice, bogate în amidon și grăsimi. Păstaia se deschide la maturitate, punând în libertate semințele.

Dăunătorii – cei care cauzează cele mai mari pagube sunt gărgărița mazărei, gărgărița leguminoaselor și molia păstăilor de mazăre.

Utilizare – pe lângă utilizarea mazării în preparatele culinare, se cunoaște și întrebuințarea acesteia ca remediu natural, ajutând în tratarea numeroaselor afecțiuni cum ar fi: osteoporoza, hipertensiunea arterială, constipația, diabetul etc. Mazărea și rudele ei, fasolea și lintea, sunt folosite și la refacerea structurii și fertilității solurilor, datorită prezenței bacteriilor fixatoare de azot la rădăcina lor.

Ceapa

Ceapa este una dintre cele mai vechi plante de cultură, fiind cultivată ca plantă medicinală, condiment și ca legumă, încă de acum 5.000 de ani. Originea ei nu este cunoscută, dar se presupune că provine din Pakistan. Are în pământ un bulb sferic sau alungit, alcătuit din foi cărnoase, suprapuse, bogate în substanțe de rezervă. La suprafață, bulbul este protejat de foi uscate, de culoare aurie sau violetă. Se cultivă pe soluri ușoare, luto-nisipoase, necesită multă apă, suportă bine temperaturile coborâte, însă, în condiții de lumină insuficientă, nu se mai dezvoltă bulbul. Recoltarea se face în iulie-august, dar primăvara se poate consuma sub formă de ceapă verde. Cultivarea se face prin sădirea arpagicului, rezultat cu un an în urmă prin plantarea semințelor de ceapă.

Rădăcina este de două feluri. Primul tip apare în momentul germinării și trăiește până la formarea bulbului, când apare cel de-al doilea tip de rădăcină, numită rădăcină adventivă. Ceapa prezintă și două tipuri de tulpini: cea din perioada vegetativă, care este subterană și discoidală, plasată la baza bulbului, și cea din perioada de reproducere, care are formă de fus și este goală pe interior, și care se formează dintr-un mugure aflat în interiorul bulbului.

Frunzele – cele interne se suprapun pe tulpina în formă de disc, împreună cu mugurii interni. Bulbul este format din tecile frunzelor interne, cărnoase și de culoare albă, și din tecile externe, subțiri și pergamentoase. Frunzele aeriene sunt goale la interior.

Florile – din mijlocul bulbului se ridică tulpina florală, goală în interior. În vârful tulpinii se află florile albe-verzui, cu miros puternic, unite într-o inflorescență globuloasă. Ele apar abia în al doilea an de viață al plantei, în lunile iulie-august, ceapa fiind o plantă bienală. În primul an, ceapa își dezvoltă doar organele vegetative: rădăcina, tulpina și frunzele.

Polenizarea – este alogamă (încrucișată) și se realizează cu ajutorul insectelor, care sunt atrase de mirosul puternic al florilor de ceapă.

Fructul – este o capsulă sferică, care la coacere se deschide prin valve, de-a lungul liniei mediane a carpelelor, punând în libertate cele până la șase semințe pe care le conțin.

Dăunătorii – un dăunător periculos este musca cepei, care poate să apară în primele zile mai călduroase. Ceapa mai poate fi atacată de nematode sau de boli cum ar fi: mana cepei sau putregaiul cenușiu.

Utilizare – ceapa susține sănătatea creierului și a inimii, întărește oasele, ajută la digestie și reduce chiar și riscul dezvoltării cancerului. Se poate consuma crudă, în salate sau fiartă, în diferite preparate culinare.

Usturoiul

Plantă medicinală, alimentară și condiment, cu miros și gust puternic și iute, este originară din Asia Centrală și cultivată în majoritatea formelor de relief de la noi din țară. Principala parte comestibilă a usturoiului este bulbul, format din mai mulți căței, de culoare albă, prinși pe un disc comun și acoperiți de tunici pergamentoase, alb-violacee. Bulbilii au formă alungită, dreaptă sau curbată și înmagazinează substanțe de rezervă. Proprietățile nutritive ale usturoiului sunt date de vitamine, cum ar fi A, B1, B2 și C, dar și de substanțe minerale, precum fosfor, sulf, potasiu, iod, calciu și siliciu. Usturoiul este rezistent la frig, iubitor de lumină, dar nu suportă nici excesul de apă, nici lipsa acesteia. Cele mai bune soluri pentru cultura de usturoi sunt cele ușoare, bogate în materie organică. Recoltarea se face în iulie-august.

Până la formarea bulbului, usturoiul are rădăcini normale, iar apoi apar rădăcinile adventive, care se formează pe tulpina subterană.

Usturoiul are o tulpină subterană, în formă de disc, de pe care, în partea inferioară, se formează rădăcinile adventive, iar pe cea superioară apar frunzele și mugurii. Mugurii se tuberizează, formând bulbili sau „căței”. Toate aceste formațiuni alcătuiesc bulbul (căpățâna). Cultivarea se face prin plantarea în pământ a căteilor de usturoi.

Frunzele – sunt lungi, liniare, acoperite cu ceară. Teaca frunzelor este mai lată în zona din bulb, după care devine cilindrică, alcătuind, prin suprapunere, tulpina falsă.

Florile – au culoarea albă și apar în al doilea an de cultură. Se grupează într-o inflorescență globuloasă, amplasată în vârfull tulpinii. Înfloresc în lunile mai-iunie.

Polenizarea – este realizată cu ajutorul insectelor.

Fructul – este o capsulă, cu sămânță cu 3 muchii, alungită.

Dăunătorii – este rezistent la boli și dăunători datorită proprietăților sale anti-bacteriene, date de o substanță cu miros puternic, compusă în mare parte din sulf, substanță pe care o eliberează în aer în momentul distrugerii celulelor, ca mecanism de apărare împotriva păsărilor, insectelor și viermilor care atacă planta.

Utilizare – este folosit pentru a spori savoarea preparatelor culinare. De asemenea, usturoiul este numit și “aloe vera Europei”, datorită proprietăților sale antivirale, anti-bacteriene și antifungice.

Spanacul

Spanacul este o plantă legumicolă, cultivată pentru frunzele sale verzi. Este originar din Orientul Mijlociu, mai precis din Afganistan și Tadjikistan, unde era folosit pentru a trata infecțiile gâtului și ale plămânilor. Astăzi, planta este mult mai apreciată și cercetată datorită frunzelor sale proaspete, care conțin substanțe anti-cancerigene. Este bogat în antioxidanți, vitamine A, C, K, B2, B6, B12, acid folic, dar și fier, magneziu, mangan, calciu, potasiu, cupru, fosfor, zinc și acizi grași omega-3.

Cultivarea se face prin semințe, numai primăvara și toamna, și se recoltează în aprilie și mai, respectiv în octombrie pentru culturile de toamnă. Spanacul preferă solurile alcaline, cu pH neutru, rezistă la temperaturi scăzute, dar are pretenții ridicate la umiditate. Lumina este un factor important, deoarece dacă este în cantitate mare, planta emite repede tulpini florale.

Este o plantă anuală, ierboasă, cu rădăcină puternică, fusiformă, tulpină dreaptă, goală pe dinăuntru și lipsită de peri la suprafață.

Frunzele – reprezintă partea comestibilă a plantei. Sunt mari, cărnoase, netede sau ondulate, de culoare verde, dispuse altern pe tulpină. Frunzele de la baza tulpinii sunt mai lungi decât cele din vârf.

Florile – sunt greu de remarcat. Acestea sunt mici, având un diametru de 3-4 mm și culoare galben-verzuie. Tulpina floriferă este înaltă, goală în interior și ramificată, cu flori unisexuate dispuse în plante diferite. Plantele masculine sunt mai puțin viguroase, formează frunze puține și înfloresc mai devreme decât cele femeiești.

Polenizarea – este încrucișată și se realizează cu ajutorul vântului, care transportă polenul de pe plantele bărbătești pe cele femeiești.

Fructul – este o pseudoachenă, rotundă sau colțuroasă, de culoare galben-verzuie, care are o coajă uscată și tare și a cărui interior este plin cu semințe, care își păstrează facultatea germinativă timp de 4-5 ani.

Dăunătorii – limaxul, afidele, coropișnița, păduchele negru, dar poate fi atacat și de boli, cum ar fi mana spanacului sau albumela.

Utilizare – este utilizat în preparatele culinare, sub formă crudă sau fiartă, dar are și o utilitate fitoterapeutică deoarece detoxifică organismul, scade colesterolul și glicemia, vitaminizează și remineralizează organismul. Prin preparare termică i se diminuează proprietățile antioxidante.

Salata

Salata se cultivă pentru frunzele sale care se consumă în stare crudă sau gătită. Este o plantă erbacee, anuală, legumicolă, cu perioadă scurtă de vegetație, cultivată din cele mai vechi timpuri de egipteni, greci și romani. Se presupune că originea ei ar fi în bazinul mediteranean. Importanța alimentară constă în conținutul ridicat de glucide, proteine, caroten, vitaminele B1, B2, C, săruri de fosfor,calciu, fier și potasiu. Este rezistentă la frig, dar pretențioasă față de umiditate. Dacă suferă de secetă, salata va avea un gust amar și va produce flori. Poate fi cultivată pe toate tipurile de sol și nici față de lumină nu are pretenții deosebite. Cultura de salată poate fi timpurie sau târzie, iar aceasta se realizează prin semănat direct sau prin răsad.

Rădăcina este pivotantă și prezintă numeroase rădăcini secundare. Ea pătrunde în sol până la 60-70 cm, când este cultivată prin semănat direct, și 30-70 cm, când este cultivată prin răsad. La suprafața solului se dezvoltă o rozetă de frunze, iar mai târziu la unele soiuri se formează și o căpățână afânată, mai puțin îndesată.

Frunzele – au formă rotundă, oval-alungită, cu nervuri groase și bogate în latex, dar sunt lipsite de pețiol. Ele formează o căpățână la începutul perioadei de vegetație.

Florile – sunt galbene, mici și grupate în inflorescențe ovoidal-cilindrice, în vârful unei tulpini florale înalte de 100-120 cm. Înflorește în lunile iulie-august.

Polenizarea – poate fi autogamă (directă) sau alogamă (încrucișată), într-o proporție mai mică.

Fructul – este o achenă, de formă alungită și ascuțită la extremități, de culoare alb-argintie sau maronie, în funcție de soi. Facultatea germinativă se păstrează timp de 3-5 ani.

Dăunătorii – pagube însemnate pot produce musculița albă de seră, afidele și limaxul cenușiu, sau boli precum mana salatei sau putregaiul cenușiu.

Utilizare – este recomandată pentru persoanele care țin dietă dar și pentru femeile însărcinate. Consumul zilnic de salată stimulează metabolismul și îmbunătățește componența sângelui. De asemenea, este unul dintre cele mai bune sedative naturale.

Ridichea

Ridichea este o legumă cultivată în regiunile temperate pentru rădăcina ei suculentă și bulboasă cu gust înțepător, asemănător cu gustul verzei. Conține numeroase vitamine (B, B2, C, P), glucide, dar și săruri de potasiu, calciu, fosfor și magneziu. Se cultiva în Vechea Grecie și în Imperiul Roman, dar este originară din Asia de Est și Centrală, India și zona mediteraneană.

Este o plantă iubitoare de umiditate și lumină și destul de rezistentă la frig. Preferă solurile luto-nisipoase, bogate în substanțe organice.

Există trei tipuri de ridichi: ridichi de lună, de vară și de iarnă. Ridichea de lună este o plantă legumicolă anuală, formând flori și fructe în primul an. Ridichile de vară și de iarnă sunt bienale, organele lor de înmulțire fo-mându-se abia în al doilea an de viață. Rădăcinile pivotante sunt îngroșate și fragede, suculente, cărnoase, având formă, mărime și culori diferite, în funcție de soi. Se cultivă prin semănat direct și se recoltează după 30-40 de zile pentru ridichile de lună și după 60-70 de zile în cazul ridichilor de vară și de iarnă.

Frunzele – cele inferioare sunt lung-pețiolate, mari și adânc-crestate, cu marginile dințate și păroase. Frunzele mijlocii sunt asemănătoare dar sunt scurt- pețiolate, iar cele superioare sunt lanceolate și întregi. Toate cele trei tipuri sunt de culoare verde-închis.

Florile – sunt mari, mirositoare, cu câte 4 petale albe sau violet, dispuse sub formă de cruce și 6 stamine. Sunt grupate în inflorescențe, in vârful tulpinii florale.

Polenizarea – este încrucișată, realizată cu ajutorul insectelor, care sunt atrase de mirosul și culoarea florilor.

Fructul – este o silicvă care nu se deschide la maturitate, de formă alungită, cu un rostru ascuțit, cu numeroase semințe de culoare roșcat - violacee, înglobate într-un țesut spongios.

Dăunătorii – pagube foarte mari pot să creeze purecii de pământ și larvele de musca verzei, buha verzei, fluturele alb al verzei etc.

Utilizare – se consumă proaspătă, în diferite salate sau în alte preparate culinare.

Dovlecelul

Chiar dacă în bucătărie dovlecelul este considerat o legumă, din punct de vedere botanic, acesta este un fruct. Dovlecelul, originar din America Centrală și Mexic, are o coajă fină și subțire, de culoare verde sau galbenă, cu miez cărnos alb-gălbui sau alb-verzui care protejează numeroase semințe. Se consumă când încă nu a ajuns la maturitate și este apreciat pentru conținutul ridicat în hidrați de carbon, magneziu, potasiu, fosfor, folați, calciu, dar și vitamine, mai ales vitamina C, fiind foarte bun în tratarea afecțiunilor aparatului digestiv.

Dovlecelul se seamănă între 20 și 25 aprilie, necesitând 12-14°C pentru germinarea semințelor și 20-25°C pentru creștere și fructificare. Este foarte pretențios față de lumină, dar nu are nevoie de prea multă apă, rezistând destul de bine la secetă. Se recoltează după 12-15 zile de la înflorire.

Este o plantă anuală, erbacee, viguroasă, cu rădăcină principală pivotantă, care poate ajunge până la 1,8 m adâncime. Tulpina este dreaptă sau târâtoare, în funcție de soi, erbacee și bine ramificată, prevăzută cu peri aspri.

Frunzele – sunt mari, lung-pețiolate, cu nervuri groase și acoperite cu peri rigizi; au culoare diferită în funcție de soi și acoperă solul, aceasta contribuind la menținerea umidității și la distrugerea buruienilor.

Florile – sunt mari, unisexuate, cu petale galbene. Florile bărbătești apar primele, câte 2-3 la subsoara frunzelor și sunt bogate în polen. Florile femeiești sunt solitare, cu ovarul mare, cilindric. Ele rămân agățate de fruct până la maturitate.

Polenizarea – este entomofilă, realizată cu ajutorul albinelor, bondarilor și a altor specii de insecte.

Fructul – este o melonidă alungită, aproape cilindrică, acoperită de o coajă alb-verzuie sau alb-gălbuie. În interior prezintă o pulpă fragedă, suculentă, care la maturitate devine ațoasă.

Dăunătorii – coropișnița, păduchii de frunze, păianjenul roșu comun, musculița albă etc.

Utilizare – poate fi folosit atât ca aliment, cât și cu scopuri cosmetice. Se consumă crud sau murat, are aport mare de apă și minerale și plus conține o serie de vitamine importante.

Castravetele

Se găsește printre primele legume cultivate încă de acum 3000 de ani în India, în partea de est a Munților Himalaya și în China, de unde s-a răspândit în întreaga lume antică. Pe teritoriul țării noastre, castraveții sunt aclimatizați de peste 2500 de ani și tot de atunci sunt folosiți ca medicament și aliment. Castravetele conține: apă (96%), potasiu, fosfor, calciu, magneziu, fier, zinc, vitamina C, B1, B2, B6, B3, provitamina A, fiind foarte căutat pentru efectul său hidratant. Are formă alungită, înveliș de culoare verde, cu suprafața netedă sau rugoasă, ce delimitează la exterior un miez cu un conținut ridicat de apă și numeroase semințe.

Castraveții sunt foarte pretențioși la căldură, temperatura optimă de germinare a semințelor este de 25-30° C. De asemenea, are cerințe mari față de lumină și umiditate. Seceta influențează calitatea fructelor, favorizând amăreala acestora. Cere soluri ușoare, permeabile, afânate, pe care s-a aplicat în prealabil gunoi de grajd bine descompus.

Este o plantă erbacee, anuală, cu sistem radicular superficial, slab dezvoltat, cu tulpini târâtoare, care ajung până la 2 metri lungime și se agață pe suport cu ajutorul cârceilor.

Frunzele – sunt lung-pețiolate, adânc-lobate, acoperite cu peri aspri.

Florile – sunt unisexuate, galbene, dispuse la baza frunzelor. Cele femele se formează în număr mai mare pe ramificațiile de ordin superior și se recunosc ușor după ovarul inferior îngroșat.

Polenizarea – se realizează cu ajutorul insectelor.

Fructele – este o melonidă alungită, de formă și mărime diferită, după soi. Semințele sunt alb-gălbui, au facultatea germinativă de 80-90% și se păstrează 4-5 ani.

Dăunătorii – musca albă, musca minieră, acarieni, tripși, afide, nematode. Ravagii mari fac și unele boli cum ar fi mana castravetelui și putregaiul.

Utilizare – poate fi folosit atât ca aliment, cât și cu scopuri cosmetice. Se consumă crud sau murat, are aport mare de apă și minerale și conține o serie de vitamine importante.

Varza

Este o legumă comestibilă, de formă rotundă, care se cultivă pentru frunzele ei groase și suculente, de culoare alb-gălbuie, ce se suprapun, formând o căpățână. Căpățânile de varză conțin glucide, proteine, vitamine (vitamina C, caroten, B1, B2, B6, P, K, H), săruri minerale (potasiu, fosfor, calciu, magneziu) și substanțe volatile care au acțiune bacteriostatică. Varza este una dintre cele mai vechi legume consumate de om, fiind originară din zonele litoralului Mării Mediterane, unde crește spontan sub formă de varză sălbatică. Recoltarea verzei se face atunci când căpățânile sunt bine îndesate, în lunile iunie-iulie pentru soiurile de vară și august-septembrie pentru cele de toamnă.

Este destul de rezistentă la frig, are însă nevoie de multă apă și lumină. Preferă solurile bogate în materie organică, cu textură lutoasă. Există mai multe tipuri de varză: albă, roșie, creață, chinezească, de Bruxelles etc.

Varza este o plantă legumicolă bienală. În pământ formează o rădăcină puternică, pivotantă, cu multe ramificații laterale. Tulpina este scurtă, iar în primul an de cultură, din mugurele terminal, se dezvoltă o căpățână falsă, formată din frunze cu creștere închisă. În cel de-al doilea an, tulpina atinge 90-150 cm înălțime și este foarte ramificată.

Frunzele – cele exterioare sunt de culoare verde, acoperite cu ceară, iar cele din interiorul căpățânei sunt de culoare alb-gălbuie.

Florile – sunt mici, prevăzute cu 4 petale de culoare galbenă, dispuse în cruce, grupate în inflorescențe. Apar doar în al doilea an, iar perioada de înflorire este de 20-35 de zile.

Polenizarea – este alogamă (încrucișată), realizată de insecte, în special de albine.

Fructul – este o silicvă de formă cilindrică, ușor turtită, care la maturitate se deschide, punând în libertate cele 10-15 semințe pe care le conține. Semințele, în general mici, sunt sferice, cu tegument neted, de culoare galben-brun-negricioasă.

Dăunătorii – buha verzei, purecii de pământ, păduchele cenușiu, ploșnița roșie, fluturele alb al verzei etc.

Utilizare – se consumă în stare proaspătă sau murată, sub formă de salate și la prepararea unor mâncăruri. Varza murată constituie, în timpul iernii, o sursă importantă de vitamine și minerale.

Gulia

Gulia este o legumă cu aromă dulce și delicată, rudă cu varza. Se cultivă pentru tulpina îngroșată, de culoare alb-gălbuie sau albastru-violet, comestibilă, cu un conținut bogat în vitamina C, potasiu și fibre. Este originară din bazinul Mării Mediterane, unde crește în flora spontană. La noi în țară se găsește doar cultivată.

Este o plantă pretențioasă față de apă, în caz de secetă tulpina ei devine lemnoasă iar de la prea multă apă poate să crape. Lipsa luminii poate să provoace alungirea plantei și nedezvoltarea tulpinii îngroșate. Temperaturile optime de îngroșare a tulpinii sunt de 18-20 de grade Celsius.

Există mai multe soiuri de gulii care se deosebesc între ele prin perioada de vegetație și prin culoare (gulii albe, gulii albastre).

Gulia este o plantă bienală, cu rădăcină pivotantă, care în primul an formează tulpina îngroșată, iar în al doilea tulpina floriferă.

Frunzele – sunt mari, cărnoase, acoperite cu un strat de ceară, lung-pețiolate, dispuse în formă de rozetă, la suprafața tulpinii îngroșate.

Florile – sunt mici, cruciforme, prevăzute cu patru petale galbene. Se grupează în inflorescențe, în vârful tulpinilor florifere. Florile își fac apariția primăvara, mai devreme sau mai târziu, în funcție de soiul cultivat.

Polenizarea – este alogamă (încrucișată). Se realizează cu ajutorul insectelor (polenizare entomofilă).

Fructul – este o silicvă, cu 5-6 semințe, care se deschide la maturitate. Semințele sunt mai mari decât cele de varză, globuloase, cu două șănțulețe puțin pronunțate. La suprafața tegumentului prezintă niște ochiuri mari, fără a avea aspect reticulat. Facultatea germinativă se menține aproximativ 4 ani.

Dăunătorii – fiind o plantă înrudită cu varza, are dăunători comuni cu aceasta, de aceea nu este recomandată plantarea guliei în apropierea culturilor de varză.

Utilizare – este folosită în preparatele culinare, atât pentru valoarea gustului plăcut, cât și grație calităților sale nutritive. Gulia furajeră este utilizată ca hrană pentru animale.

Conopida

Conopida este cultivată pentru inflorescența cărnoasă comestibilă, în formă de căpățână, de culoare albă, alcătuită din buchețelele de flori care încep să se formeze, dar se opresc în faza de boboc. Este o plantă anuală din familia verzei, originară din partea mediteraneană a Europei, mai exact din Cipru. La noi se cultivă în toate zonele țării, fiind apreciată pentru conținutul ei bogat în vitamine și minerale. Conține potasiu, magneziu, calciu, mangan, fier, cupru, zinc, fluor, caroten, vitaminele C, K, B1, B2, B6.

Are foarte mari pretenții față de factorii de mediu. Fiind caracterizată ca o plantă de climat umed și răcoros, rezultatele cele mai bune se pot obține primăvara și toamna, când nivelul umidității din sol este relativ mare iar temperaturile din timpul zilei nu sunt foarte ridicate.

Este prevăzută cu un sistem radicular bine dezvoltat care pătrunde în pământ până la o adâncime de 25-30 cm, și o tulpină de aproximativ 15 cm.

Frunzele – sunt mari, cărnoase și alungite, acoperite cu un strat de ceară.

Florile – căpățâna de conopidă este, de fapt, o uriașă inflorescență alcătuită din lăstari floriferi hipertrofiați.

Polenizarea – este alogamă (încrucișată), entomofilă, realizându-se prin insecte, cum ar fi albinele și bondarii.

Fructul – este alungit, seamănă cu o păstaie și poartă numele de silicvă, la fel ca la varză. Prezintă în interior 7-8 semințe mici.

Dăunătorii – păduchele verde, păduchele cenușiu, musculița albă de seră, buha verzei, fluturele alb al verzei, puricii de pământ, limaxul etc.

Utilizare – la prepararea diferitelor feluri de mâncăruri, putând fi consumată și crudă în salate. Este des folosită în componența murăturilor și în industria conservelor.

Varza de Bruxelles

Varza de Bruxelles este numită dupá capitala Belgiei, unde se crede că a fost cultivată pentru prima oară. Originea ei este incertă, dar primele date despre existența sa provin din secolul al XVI-lea, din nordul Europei. Este o plantă legumicolă, bienală, cultivată pentru mugurii săi sferici, de culoare verde, care arată ca niște verze în miniatură. Conține mari cantități de vitamine cum ar fi: A, B, C, K, acizi grași omega-3, acid folic, fibre, dar și potasiu, fier, fosfor, magneziu, calciu etc.

Are cerințe asemănătoare față de condițiile de mediu ca și rudele sale, varza, gulia și conopida. Iubitoare de mult soare și sol ușor drenabil, bogat în nutrienți, varza de Bruxelles se recoltează de toamna până primăvara, dar căpățânile sunt mai savuroase dacă au trecut printr-un îngheț.

Caracteristică acestei plante este tulpina înaltă de 50-70 cm, de-a lungul căreia, aproape de zona în care frunzele se prind de tulpină, se formează muguri rotunzi, de culoare verde și mărimea unei mingi de golf. Pe o tulpină pot exista până la o sută de astfel de muguri.

Frunzele – sunt mari, cărnoase, rotunde sau în formă de inimă, acoperite cu ceară. Sunt comestibile.

Florile – dacă mugurii nu sunt recoltați, începând cu al doilea an aceștia pot dezvola tulpini florifere, ce conțin flori cu petale galbene, dispuse în cruce.

Polenizarea – este alogamă (încrucișată), entomofilă, realizându-se cu ajutorul insectelor, la fel ca la rudele ei: varza, gulia și conopida.

Fructul – este de tip silicvă și conține semințe mici, sferice, de 2-3 mm în diametru, având facultatea germinativă de până la 5 ani.

Dăunătorii – rădăcina este foarte sensibilă și poate putrezi repede, dacă stă în pământ cu prea multă apă. Partea superioară a plantei poate atrage dăunători precum fluturele de varză sau diferite tipuri de viermi sau afide.

Utilizare – consumată proaspătă, puțin fiartă, varza de Bruxelles este o delicatesă.

Ardeiul gras

Originar din America Centrală și de Sud, ardeiul a fost răspândit în lume de marinarii spanioli și portughezi, astăzi devenind una dintre cele mai populare legume utilizate în gastronomie. Din punct de vedere botanic, ardeiul este un fruct, dar în context culinar, acesta este considerat legumă. Sunt cultivate 4 feluri de ardei: iuți, grași, lungi (de exemplu, ardeiul kapia) și gogoșar. Ardeiul gras este cel mai popular tip de ardei, are formă de clopot, textură cărnoasă, crocantă și densă și culoare care poate varia, în funcție de soi, de la roșu la galben sau verde. Se cultivă pentru conținutul ridicat în vitamina A si C, fibre, acid folic, vitamina K și minerale care protejează organismul de afecțiuni digestive.

Ardeiul este o plantă pretențioasă la lumină, căldură, apă și hrană. Pentru a avea o producție mare și de calitate, ardeiul trebuie cultivat într-un pământ bogat, afânat, lucrat adânc și îngrășat cu gunoi de grajd. Este o plantă erbacee, perenă, dar în condițiile din România se cultivă ca plantă anuală. Rădăcina este pivotantă la început, dar pe parcursul vieții se ramifică puternic. Tulpina este și ea puternic ramificată, erectă, cilindrică sau ușor muchiată, goală în interior.

Frunzele – simple, sub formă de lance sau ovale, lucioase, lung pețiolate. Alternează pe tulpină.

Florile – albe, solitare, disuse două câte două la locul de ramificare a tulpinii. Înfloresc între lunile iunie-septembrie.

Polenizarea – poate fi directă sau, mai rar, încrucișată.

Fructul – este o bacă, puțin suculentă. În interior se află o conglomerare de semințe rotunde și turtite, de culoare gălbuie. Poate să aibă forme și culori variate. Sământa este rotund-turtită, cu diametru de 3-5 mm și suprafața ușor deformată, având culoarea galben-aurie sau galben-cenușie.

Dăunătorii – musculița albă de seră, păianjenul (acarianul) roșu, păduchele verde, păianjenul (acarianul) lat, nematodul galicol etc.

Utilizare – datorită conținutului ridicat de vitamine și minerale, ardeiul gras este cunoscut pentru efectele sale benefice asupra organismului. Se consumă crud, în salate, sau în diferite preparate culinare. Poate fi utilizat în industrie, la fabricarea conservelor sau uscat și măcinat sub formă de boia.

Pătlăgelele roșii

Pătlăgelele roșii, cunoscute și sub denumirea de roșii sau tomate, reprezintă una dintre cele mai importante culturi de grădină. Termenul denumește fructul cărnos al plantei, de culoare roșie și formă sferică, acoperit de o pieliță subțire, ce delimitează la exterior un miez suculent, plin de semințe. Roșia este una dintre cele mai importante surse de vitamina A și vitamina C, acid folic, calciu, potasiu, precum și licopen, un foarte puternic antioxidant care previne imbătrânirea celulelor.

Roșiile sunt plante iubitoare de soare și de apă. Preferă solurile bine drenate și fertile. Pot fi însămânțate direct în grădină sau prin răsaduri, care se plantează la aproximativ cinci sau șase săptămâni de la ultimul îngheț.

Este o plantă perenă, originară din Peru, crescută adesea în climate temperate ca o plantă anuală, prevăzută cu o tulpină ierboasă și erectă. În stadii de creștere și dezvoltare mai avansate, datorită masei acumulate de lăstari, frunze și fructe, tulpina se culcă pe sol și plantele devin târâtoare, deoarece prezintă un țesut mecanic slab dezvoltat.

Frunzele – sunt lungi, penat-compuse, alcătuite din 5–9 foliole, cu margini crestate. Atât tulpina, cât și frunzele sunt acoperite cu excrescențe păroase. Frunzele conțin concentrații nocive dintr-un alcaloid numit tomatină, pe care planta îl produce pentru a se apăra.

Florile – sunt mici, prevăzute cu cinci petale galbene, concrescute la bază, iar staminele au anterele unite sub forma unui con. Sunt grupate în inflorescențe de 3 până la 12 flori.

Polenizarea – este directă, dar în condiții de mediu excesive poate fi favorizată și polenizarea cu polen străin.

Fructul – este o bacă de culoare roșie, ce conține în interior numeroase semințe mici, de culoare galbenă.

Dăunătorii – păduchii verzi, păianjenul roșu, tripsul tutunului, coropișnița, limaxul, musca minieră, gândacul de Colorado, omida fructificațiilor etc. Dintre boli, cele mai frecvente sunt: mana, făinarea, cancerul bacterian, o serie de pătări ale frunzelor.

Utilizare – se utilizează crude, în salate, sau în diferite preparate: ciorbe, sosuri, ghiveci, murături, sau pe plan industrial, sub formă de conserve, pastă de tomate, ketchup etc.

Pătlăgelele vinete

Vinetele se cultivă pentru fructul lor cărnos, cu coaja violet închis spre indigo, dimensiuni și forme variate, în funcție de soi. Pulpa fructului este fragedă, de culoare alb-verzuie, elastică, cu semințe în formare. Conțin vitaminele C, B1, B2, PP, săruri minerale: potasiu, fosfor, calciu, magneziu, etc.

Originară din India și Birmania, unde crește în stare sălbatică, vânăta a fost aclimatizată cu succes în Europa, America și Asia. Este o plantă pretențioasă la căldură, apă, lumină și hrană. La noi în țară se cultivă prin răsad, pe terenuri cu textură medie și ușoară, permeabile și plane. Recoltarea se face începând de la 15-20 iulie și până la sosirea brumelor.

Este o plantă anuală, erbacee, cu rădăcină puternică, pivotantă și cu tulpină erectă, ramificată, verde-violacee.

Frunzele – sunt mari, groase, oval-lanceolate, cu marginile întregi și lung-pețiolate, cu nervuri groase, uneori prevăzute cu spini.

Florile – solitare, axilare, nuanțate de la violet la albastru, prevăzute cu 5-9 petale unite și stamine galbene.

Polenizarea – la pătlăgeaua vânătă caracteristică este autogamia (polenizarea directă).

Fructul – este o bacă mare, netedă și lucioasă, de formă și mărime diferită în funcție de soi, iar culoarea predominantă este violet-închis. Semințele din interior sunt numeroase și turtite, de culoare galben-cenușie.

Dăunătorii – fiind rudă cu cartoful și tomatele, nu este indicat să se planteze culturile de vinete în apropierea acestora, deoarece au dăunători comuni.

Utilizare – la prepararea diferitelor mâncăruri, iar, în amestec cu alte legume, sunt folosite în industria conservelor. Datorită conținutului ridicat de celuloză, micșorează nivelul de colesterol din sânge. Conține antioxidanți puternici care protejează celulele cerebrale.

Cartoful

Cartoful este un produs vegetal hrănitor, gustos și ieftin, care constituie alimentul de bază al multor popoare. Se cultivă pentru tuberculii săi subterani (organe de înmulțire vegetativă) ce conțin un miez bogat în amidon și sunt acoperiți la exterior de o coajă subțire, galbenă sau roșie, în funcție de soi. Conține complexul de vitamine B, A, C, K, calciu, magneziu, fosfor, fier, mangan, sulf, săruri minerale și beta-caroten.

Planta de cartof, originară din regiunile înalte și umede din Peru, Columbia, prezintă o rădăcină fibroasă, ramificată, cu o mare putere de absorbție a apei și a elementelor nutritive, și două tipuri de tulpini: tulpini subterane (stolonii și tuberculii) și tulpini aeriene. Stolonii sunt ramificații ale tulpinii subterane, care, prin îngroșarea părților lor terminale, dau naștere tuberculilor, ce reprezintă singura parte comestibilă a plantei. Tulpinile aeriene poartă frunzele, florile și fructele.

Cartoful, la fel ca rudele sale pătlăgelele roșii și vinete, emite mari pretenții față de căldură, apă, lumină și hrană.

Frunzele – sunt compuse din 2-5 perechi de foliole, de mărime diferită.

Florile – sunt grupate în inflorescențe. Fiecare floare prezintă 5 petale unite, de culoare albă, violacee, albastră, în funcție de soi, și 5 stamine unite în jurul unui stigmat de forma unei gămălii de ac.

Polenizarea – este directă (autopolenizare). Unii dăunători, cum ar fi gândacul de Colorado, pot asigura și o polenizare încrucișată.

Fructul – este o bacă de formă sferică sau conică, cărnoasă și suculentă, de culoare verde sau pigmentată în albastru sau violaceu. Conține 50-100 de semințe.

Dăunătorii – cei mai păguboși sunt: gândacul de Colorado, nematozii, viermii sârmă, afidele.

Utilizare – cartoful se consumă fiert, copt, prăjit, sub formă de supe, salate, piureuri, fiind un aliment dietetic de neînlocuit. În industrie, cartoful se folosește pentru obținerea de făină, fulgi, alcool, amidon sau poate servi drept hrană pentru animale.

Morcovul

Morcovul se cultivă pentru rădăcinile sale îngroșate, dulci și crocante, bogate în zaharuri, beta-caroten, vitamina A, minerale și antioxidanți. Morcovii variază în culoare și formă în funcție de soi. În general au formă conică, textură crocantă și culoare roșie-portocalie.

Planta provine din Asia de Sud-Vest, unde crește în flora spontană. Fiind specifică pentru climat temperat, este puțin pretențioasă față de temperatură, dar are cerințe mari pentru apă, mai ales în timpul germinării semințelor. De asemenea, lumina este un factor important în toate fazele de creștere ale plantei. Insuficiența luminii în primele faze de creștere duce la alungirea frunzelor și la scăderea în greutate a rădăcinilor.

Morcovul este o plantă erbacee, care își desfășoară ciclul de viață în doi ani. În primul an formează o rădăcină pivotantă și o rozetă de frunze, iar în al doilea an formează tulpini florifere, acoperite de perișori aspri. Rădăcina este bine dezvoltată, cărnoasă, conică sau cilindrică, de culoare roșie-portocalie. Tulpina floriferă este înaltă de 1,2 - 1,5 metri. Ea este ramificată, cilindrică și striată.

Frunzele – se găsesc grupate într-o rozetă, sunt compuse, lung-pețiolate și prezintă o teacă bine dezvoltată.

Florile – sunt mici, albe și numeroase, grupate în inflorescențe de forma unor umbrele întoarse, ce poartă numele de umbele. Înflorește în intervalul iunie-septembrie.

Polenizarea – este realizată de insecte, morcovului fiindu-i caracteristică polenizarea alogamă (încrucișată).

Fructul – impropriu numit sământă, este o dicariopsă care prezintă pe partea dorsală cinci coaste proeminente cu țepi.

Dăunătorii – nematodul rădăcinilor, afidele, acarianul roșu, musca minieră. Mari ravagii pot cauza și unele boli produse de fungi, virusuri sau bacterii: pătarea bacteriană a frunzelor, putregaiul umed, mana rădăcinilor, putregaiul alb, putregaiul uscat etc.

Utilizare – se consumă în stare proaspătă, preparată, deshidratată, conservată și sub formă de sucuri. Din semințele de morcov se extrage și daucarinul folosit în tratarea bolilor cronice de inimă.

Sfecla roșie

Sfecla roșie se cultivă pentru rădăcinile îngroșate, care sunt foarte gustoase consumate proaspete, dar și conservate. Partea comestibilă are o valoare alimentară ridicată, dată de conținutul ridicat în hidrați de carbon, substanțe proteice, săruri minerale de fosfor, potasiu, vitaminele A, B, C.

Planta este originară din regiunile țărmurilor Mării Mediterane, Mării Negre și Mării Caspice, unde se întâlnește ca plantă sălbatică. Spre deosebire de celelalte rădăcinoase, este ceva mai pretențioasă față de căldură. Apa trebuie să fie în cantități mari în faza de încolțire și în faza îngroșării rădăcinii, la fel și nutrienții din sol. Lumina nu este un factor determinant pentru creșterea și dezvoltarea ei, dar planta nu suportă umbrirea.

Sfecla roșie este o plantă ierboasă, bienală. La început, rădăcina este pivotantă și cărnoasă, după care începe să se îngroașe, prin depunerea substanțelor de rezervă, căpătând forma aproape sferică sau alungită și culoare roșie.

Frunzele – sunt mari, cresc în rozetă, în primul an de cultură, sunt lucioase, cu limbul ondulat și marginea întreagă. Sunt de culoare verde cu reflexe violacee. Nervurile și pețiolul sunt de culoare roșie.

Florile – sunt mici, prevăzute cu 5 petale de culoare roșie–verzuie, grupate în inflorescențe.

Polenizarea – este încrucișată, realizată de vânt, mai rar de insecte.

Fructele – (impropriu considerate semințe) sunt nucule de culoare maron-cenușie, concrescute, constituind așa-numitele glomerule. Fiecare glomerul conține 3-5 semințe.

Dăunătorii – dintre dăunători sunt periculoși gărgărița sfeclei, care distruge plantele tinere, și larvele moliei sfeclei, care atacă rădăcinile.

Utilizare – rădăcinile de sfeclă roșie sunt consumate sub formă de garnituri, salate, supe, sucuri, murături sau sunt folosite ca ingrediente pentru anumite deserturi. Frunzele de sfeclă sunt, de asemenea, comestibile.

Curiozități din lumea legumelor

Ceapa era iubită de către egipteni datorită inelelor sale concentrice asociate vieții eterne, devenind în acest fel un soi de obiect de cult. Ceapa susține sănătatea creierului și a inimii, întărește oasele, ajută la digestie și reduce chiar și riscul dezvoltării cancerului.

Potrivit unui sondaj realizat în anul 2000, varza de Bruxelles este cea mai detestată legumă în Marea Britanie. Este cultivată pentru mugurii săi comestibili și conține vitamine care protejează organismul.

Varza este un excelent remediu împotriva constipației. Este recomandată datorită conținutului ridicat de acid folic.

Floarea dovlecelului este comestibilă, iar în unele țări se consumă ca legumă. Dovleceii mai sunt cunoscuți și sub denumirea de zucchini. În China au fost obținuți dovlecei cu lungime de un metru.

În India, castraveții sunt considerați fructe sfinte și sunt aduși în semn de prețuire zeului Krishna. În Moldova, castraveților li se mai spune și „pepeni". Aroma castraveților proaspeți este considerată a fi afrodisiacă.

În Europa, ardeiul a fost adus de către medicul lui Cristofor Columb. Ardeiul roșu este mai sănătos decât cel verde, deoarece conține un număr dublu de vitamine dublu.

La ardei, fructul are în medie aproximativ 100-300 semințe, iar masa a 1000 de semințe este de 4-9 grame. Consumul de ardei iute combate cancerul, stimulează pancreasul și ajută la funcționarea plămânilor, plus, este un ajutor de nădejde în dietele de slăbire.

În franceză, roșiei i se spune „pomme d'amor", însemnând „mărul dragostei", având în vedere că inițial s-a considerat că are calități afrodisiatice. Germanii au denumit-o „mărul paradisului". Roșiile necoapte conțin o substanță otrăvitoare, numită solanină.

În România, tomatele au fost cunoscute foarte târziu, abia la sfârșitul secolului al XIX-lea, când grădinarii bulgari și sârbi produceau răsaduri de roșii pe paturi încălzite cu biocombustibili. Astăzi ocupă locul doi în topul legumelor utilizate cel mai des în bucătărie, după cartof. Totuși, din punct de vedere botanic, roșia, la fel ca și dovlecelul, este considerată fruct.

Culoarea roșie a fructelor de tomate este dată de un pigment numit licopină, care are un efect antioxidant mai puternic decât celebra vitamina E, cu un deosebit rol împotriva bolilor cardiovasculare, tulburărilor de metabolism și chiar împotriva cancerului. Roșiile tip cherry sunt cele mai dulci și se folosesc îndeosebi la salate sau pizza. Roșiile-prună sunt specifice bucătăriei italiene și conțin cele mai puține semințe.

Datorită conținutul ridicat de potasiu, roșiile îmbunătățesc activitatea inimii. Sunt utile și contra acneei: se tamponează tenul cu o felie de roșie, apoi se curăță cu frunze de măcriș strivite.

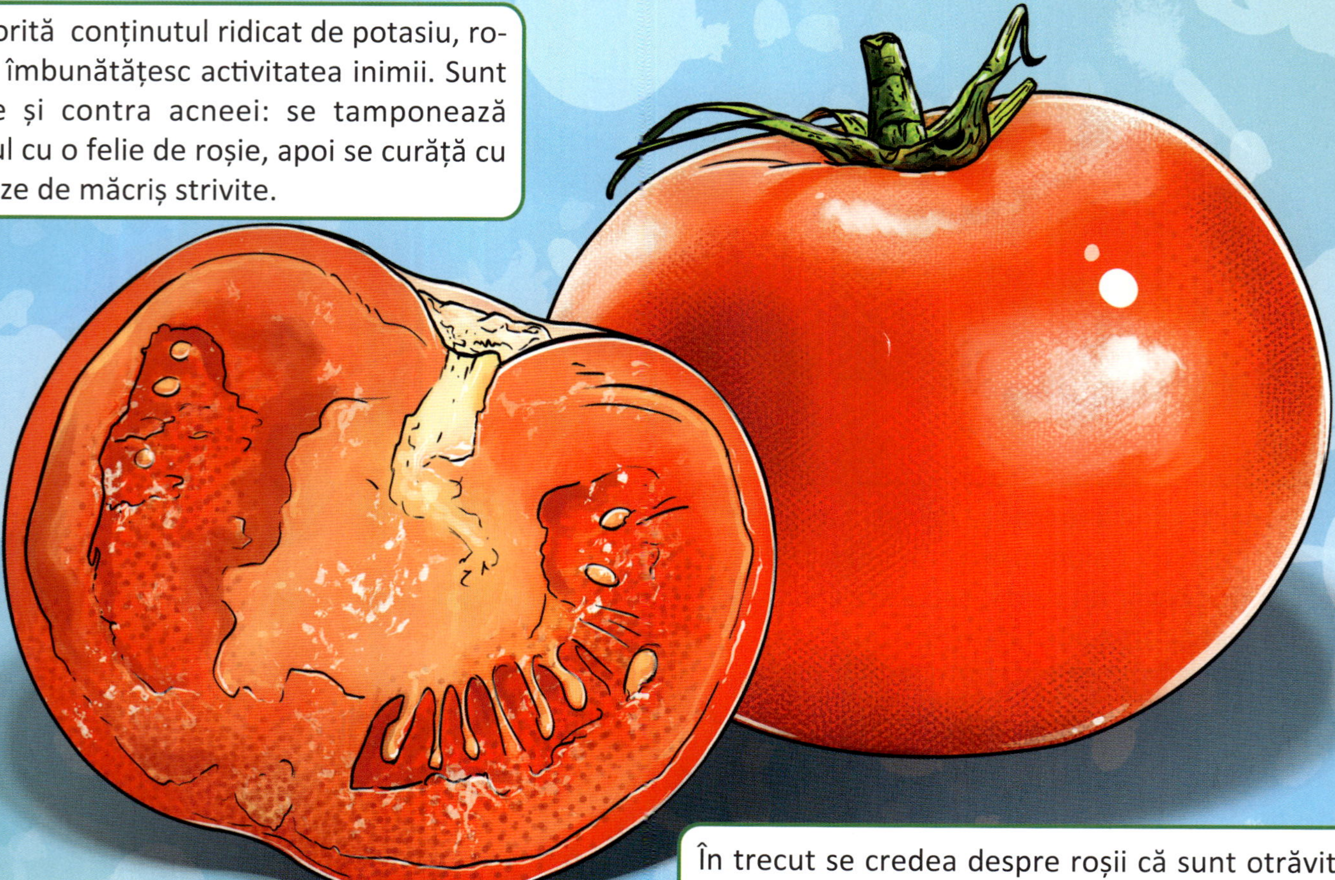

În trecut se credea despre roșii că sunt otrăvitoare și erau folosite ca plantă ornamentală, mai ales în Marea Britanie. Pentru a trate înțepăturile de insecte, frecați locul rănii cu frunze de roșii strivite.

În Europa, morcovii nu au fost populari până în Renaștere, din cauză că varietățile timpurii aveau rădăcinile dure și fibroase.

Fumătorii sau cei care sunt expuși cu frecvență fumului de țigară ar trebui să adopte o alimentație bogată în morcovi, pentru a contracara efectele nocive ale fumului. Morcovul consumat zilnic îmbunătățește vederea, crește rezistența organismului la infecții și diminuează riscul apariției cancerului.

Datorită conținutului ei bogat în fier, sfecla roșie contribuie la tratarea anemiei.
Legenda spune că împăratul roman Tiberius, convins de calitățile sfeclei roșii, a stabilit plata tributului datorat de triburile germanice în lăzi cu sfeclă, în locul pungilor cu aur. Pigmentul care îi oferă sfeclei culoarea luptă și împotriva cancerului.

Femeile nobile din China foloseau coaja neagră a vinetelor pentru a-și înnegri dinții într-o culoare foarte la modă acum câteva secole. În urmă cu câteva sute de ani, în nordul Europei, exista superstiția că vânata ar putea provoca nebunia, căpătând din aceasta cauză și numele de „mărul nebuniei”.

Vocabular

acarian: ordin de arahnide mici transmițătoare de boli grave

achenă: fruct uscat al unor plante care nu se deschide la coacere, având, de obicei, o singură sământă

afide: familie de insecte cuprinzând păduchii de plante

anemie: stare de slăbiciune cauzată de scăderea numărului de globule roșii din sânge

bacă: fruct cărnos cu miezul suculent, în care se află una sau mai multe semințe

bienal: (despre plante) care înflorește și fructifică la doi ani după însămânțare

bacterie: nume generic dat unor microorganisme unicelulare microscopice, dintre care unele provoacă boli infecțioase

caroten: pigment roșu-portocaliu care se găsește în unele țesuturi vegetale și animale

cariopsă: fruct uscat, indehiscent, caracteristic cerealelor

carpelă: frunzișoară modificată situată în centrul unei flori, care poartă ovulele

coropișniță: insectă dăunatoare plantelor, cu corpul greoi și cu picioarele anterioare ca niște lopeți, care trăiește în pământ și care atacă, în special, culturile de grădinărie

dicariopsă: tip de fruct uscat format din două cariopse

ellipsoidal: care are forma de ellipsoid

foliolă: fiecare dintre frunzulițele din care constă o frunză compusă

glomerulă: tip de fruct format prin creșterea laolaltă a mai multor fructe provenite din flori independente; tip de inflorescență în care florile par a fi prinse la același nivel de o axă

glucid: substanță organică naturală care conține carbon, hidrogen și oxigen, reprezentând un constituent fundamental al materiei vii și având un rol important în metabolism; hidrat de carbon, carbohidrat

inflorescență: mod de dispunere a florilor pe tulpină sau pe ramurile plantei

larvă: stadiu în dezvoltarea individuală a unor animale la ieșirea din ou, deosebit prin formă și mod de viață de stadiul adult

limax: nume dat mai multor moluște gasteropode cu corpul alungit, lipsit de cochilie

limb: partea lată a unei frunze, legată de ramură prin codiță

melonidă: fruct cărnos, indehiscent, asemănător cu baca, dar cu coaja tare la maturitate

nematod: clasă de viermi paraziți, cu corpul subțire de formă cilindrică, care trăiesc în organisme vegetale sau animale

nervură: fiecare dintre ramificațiile vaselor purtătoare de sevă în interiorul unei frunze

nodozitate: formație patologică rezultată din înmulțirea celulelor rădăcinilor de leguminoase în urma infecției cu anumite bacterii

nuculă: fruct ce seamănă cu o nucă mică

ovar: porțiune inferioară a organului sexual feminin la plantele cu flori, din care, după fecundare, se dezvoltă fructul

peduncul: codiță a unei flori sau a unui fruct

penat–compusă: compusă sub forma unei pene

petală: fiecare dintre frunzișoarele modificate care alcătuiesc corola unei flori

polenizare: transport al polenului de pe stamina (partea bărbătească a florii) pe stigmat (partea femeiască a florii)

polenizare autogamă: când grăunciorul de polen, de pe stamina unei flori, ajunge pe stigmatul aceleași flori

polenizare alogamă: când grăunciorul de polen, de pe stamina unei flori, ajunge pe stigmatul altei flori

pețiol: codița frunzei

pseudoachenă: achenă falsă

rădăcină pivotantă: la care rădăcina principală se dezvoltă mult, pătrunzând adânc, vertical, în sol

silicvă: fruct uscat, lunguieț, care se desface în două, dezvelind un perete central membranos, de care sunt prinse semințele

simbioză: formă de conviețuire reciproc avantajoasă între două specii diferite de organisme

stamină: organ bărbătesc de reproducere a florii, care conține polenul florilor

stigmat: partea superioară a pistilului, pe care se prinde și încolțește polenul florilor

spongios: care este poros ca buretele; buretos

umbelă: inflorescență în care pedunculii fiecărei floricele pornesc din același punct și se ridică la aceeași înălțime, ca pânza unei umbrele

unisexuat: care are organe de reproducere de un singur sex

teacă: parte a frunzei, mai ales la graminee, care îmbracă tulpina

tubercul: tulpină subterană, scurtă și îngroșată, care înmagazinează substanțele de rezervă ale unor plante

tulpină floriferă: care poartă flori